나비, 선율의 시

나비, 선율의 시

소재호 시집

인간과문학사

자서 自序

이 세상 참으로 아름다웠습니다.
저에게 오신 모든 인연들은 한 생애 동안
내내 은혜였습니다. 저의 운명들은 은총이었고요.

철철이 오신 모든 꽃들은 영광이었습니다.

우리 가족, 부모 형제 자매, 처와 아들 딸
모두모두 듬뿍 사랑입니다.

풀잎 위에 잦아지는 한 끗의 바람으로
노을 얹히는 산 길을 오릅니다.

2025. 3.

소재호 절

| 차례 |

자서自序

제1부

나비, 선율의 시 • 14
등꽃 • 15
나비의 하늘 • 16
태평양 한글 바다 • 18
강물의 도학道學 • 22
까마귀의 메시지 • 24
물론 그렇기도 하지만 • 26
흑장미 한 송이 • 28
낙엽 지네 • 30
꽃 • 31
벚꽃길에서 • 32
새의 자유 • 34

제2부

비무장 지대를 가다 • 36

달팽이 • 38

고려 청자 • 39

바람과 꽃 • 40

오늘 나는 가을입니다 • 42

개망초꽃 • 44

숲속에서 • 46

무위자연無爲自然으로 가다 • 48

초원의 빛 • 50

오작교 건너 • 52

허공에 악보를 걸다 • 53

제3부

눈이 내린다 • *56*
어느 여류 시인 • *58*
소나기의 노래 • *60*
징검다리 · 1 • *62*
징검다리 · 2 • *64*
몽돌로 누워 · 1 • *66*
몽돌로 누워 · 2 • *68*
붓꽃 • *70*
와불臥佛 • *71*
대숲을 우러르며 • *72*
나무의 작문법 • *74*

제4부

우리 어머니는 따뜻한 등불이었습니다 • 76

아버지 생각 • 78

풍경風磬소리 • 80

엉겅퀴꽃 • 82

매미의 경經 • 84

섬 • 86

종달새에 대한 회상 • 88

어둠별 • 90

달맞이꽃 • 92

중심은 없다 • 93

격포 채석강 • 94

제5부

내 영롱한 그늘이여 • 96
현고학생부군신위顯考學生府君神位 • 98
딱 불빛 한 초롱으로 • 100
귀뚜라미 • 102
별 • 104
제주 망덕 바닷가에서 • 105
이명耳鳴 • 106
갈대 • 108
석수장이 • 110
부평초 • 111

제6부

종소리 · 1 • *114*

종소리 · 2 • *115*

종소리 · 3 • *116*

종소리 · 4 • *117*

종소리 · 5 • *118*

종소리 · 6 • *119*

종소리 · 7 • *120*

종소리 · 8 • *121*

종소리 · 9 • *122*

종소리 · 10 • *123*

종소리 · 11 • *124*

종소리 · 12 • *125*

종소리 · 13 • *126*

채송화 · 1 • *127*

채송화 · 2 • *128*

채송화 · 3 • *129*

채송화 · 4 • *130*

채송화 · 5 • *131*

채송화 · 6 • *132*

채송화 · 7 • *133*

무너지네 • *134*

| 평설 | '화이부동和而不同'에서 '위대한 존재存在'로
　　　　－ 임명진(문학평론가 · 전북대명예교수) … *136*

제 **1** 부

나비, 선율의 시

나비는 허공을 아름답게
포물선으로 끌고 간다
날갯짓 한 음절씩
수놓듯 펼치는 언어

나비의 곡예가 현란하게
가슴 풀어내는 서정시가 될 때
지상의 꽃들은 일제히
움찔거리는 것이니
빛깔로 향기로 응답함이라

나비의 언어는
곱게 형용하는 낭만의 시
한 생애 너울거림을 보아라
어김없이 노을도 펄럭이며
허공은 팔분음표의 잔잔한 울림
나비의 몸짓, 시는 낭송되고 있다

등꽃

파란 하늘이 치렁치렁 내려
줄줄이 등꽃이 된다
푸른 하늘의 앞가슴
파랗게 익은 하늘, 향기도 파랗다
꽃은 하늘의 음성

등꽃에는 하늘의
서늘한 말씀이 실린다
소리소리 파란 옹알거림
눈 뜸, 꽃숭어리로
빛이 숨어 우련하다

꽃 그늘 마침내
은하경 출렁거리고

나비의 하늘

벌과 나비는 허공을 난다
벌은 공중을 날고
나비는 하늘을 난다

벌은 끈끈한 발가락으로
허공을 돌돌 말아
노을까지 접어 집으로 돌아오지만
나비는 하늘을 펄럭이며 끝없이 날기만 한다
나비의 세상 끝은 아무도 모른다

벌은 재빠르지만 자신의 울을 넘지 못하고
나비는 자신의 담장을 세우지 않는다
벌은 꽃가루를 묻혀 오지만
나비는 스스로 꽃의 몸짓이 된다

나비는 자꾸 출발만 하고
어디에도 당도하지 않는다

나비의 집은 하늘이다
나비가 날지 않았다면
하늘이 넓어질 리가 없다

태평양 한글 바다

태평양은 세종대왕의 바다다
훈민정음 낱자들이 물결져 퍼덕이는,
기호들 조합하는 드넓은 한지 펼침막

밀물로 ㄱㄱㄱㄱㄱㄱ… 줄줄이
썰물로 ㄴㄴㄴㄴㄴㄴ… 줄줄이

어린 백성, 뭍엔 검은 무지들
깨우치기 위해 철썩철썩 기호들의 물결
만들어 세우니
가갸거겨고교~

나랏말씀이
태평양 바다를 가득 넘쳤다, 움찔거리며
광화문 세종대왕 동상
무릎 밑으로 달려드는 파도
가나다라마바사~

대왕께서 불러들이고
생명을 주어 쏴하니 물러가게 하니
한강의 문맥

파란 하늘 바탕에 흰 구름 뜨고
파란 초원 바탕에 흰 옷 백성
수평선에서 지평선으로
한글 자모음의 몸짓으로 온갖 새들 날고
날아서 끼륵끼륵 된소리도 만든다

언어가 영혼을 머금는다는
세계에서 가장 으뜸의 한글 바다

어디 편안하게만 할 것인가
우주의 섭리가, 태극의 진리가
한글로 음과 뜻을 이루어

인류를 눈 뜨게 할 것이니
검은 대륙까지 깨어나
신 내림처럼 한가지로 철썩이는
오대양 육대주의 울림

천둥이 답하여 빛을 이루고
더러는 분노의 해일도 일어나
아우성이 되는 한글의 함성

하얀 문맥을 줄줄이 이끌고
혹등고래 떼 온 한글 바다를 휩쓸 것이다

윗세오름 뭉게뭉게 안개로 한글의 선율 지펴 오르고
백두산 천지 푸른 바탕 위로 동동동동 한글이 떠오고
풀과 풀은 ㄴㄷㄹ로 혀를 접고 펴며
가랑잎들은 ㅁㅂㅍ으로 입술 달싹이는
온 천지 한글 읽는 소리

이루리라, 문화라는 것
참된 인류의 지성은
한글 태평양 시대로부터 오리라

동서고금, 인류의 대왕
세종께서 신이 되시는
태평양 한글 바다의 세상

강물의 도학道學

무엇인들 해체하여
무형으로 건너가는
자유로운 형용의 파장이다

무성 유성 넘나들어 다시 함성
일으키고 눕고 드디어 아득한 침묵이다

줄타는 곡예사처럼
나아가기, 머무르기, 넘어서고
때때로 자기 안에 철썩이기

강물은 거룩해지는 푸른 목숨
전신으로 꿈틀거리고 있지 않는가

세상만사 다 지우고
원시의 광야에 나아가며
근심의 인간 동네 하나 밀어 치우고

가득한 존재로 무법천지가 되기
무법으로 딱 하나 절대의 질서가 되기
안으로는 처절함 숨기는 몸부림

하늘의 말씀을 해원海原으로 퍼 나르며
스스로 도道가 되기
아하, 영원한 한 줄기 길이 되거나

까마귀의 메시지

까마귀떼가 김만경 들녘을
검게 뒤덮는다
낙수落穗 몇 알만으로 족한
하얀 마음들

어지간히 속을 채우면
남북 허공을 가로지르는
전선줄에 일렬로 앉는다
수평의 논리를 몸소 펴며
공평하게 검은 발언들이다

허공을 수평의 먹줄을 놓는
저 검은 빛깔의 빛나는 안락
전화줄로는 어떤 방언이 흘러도 좋다
한반도를 번지는 공통어는
가악歌樂 가악歌樂 가악歌樂

남녘 북녘 동토凍土로만
유전하는 한민족 검은 넋들

빛 밝을수록
그림자가 짙듯이
검게 검게 겉을 치장하면서도
하얗게 쌓는 우리 마음들

물론 그렇기도 하지만

늦가을까지 감나무 홍시 두세 개
까치밥으로 남겨 두었다는 설은 틀린 말이다
물론 그렇기도 하지만

허공을 막막하게 텅 비워 둘 수가 없었던 것이다
추위의 색깔이 너무 파래서
온기 붉은 몇 점 하늘에 심어 놓은 것이다

까치밥으로 세상 미물에게까지 챙기려는
우리 선인들 자비로운 생각
물론 그렇기도 하지만

모든 계절이 잔인하게 등 돌린 사람 동네를
고 새빨간 정나미 몇 손
동구밖까지 내보이게 매달아 놓은 것이다

떠돌던 걸인

붉은 홍시 바라 바라보며
사립문 열고 들어
더운 밥 한 술 대접받은 일
물론 그렇기도 하지만

소멸의 광장을 오히려
생기의 봄을 신의 뜻처럼 매달아
고욤 씨앗으로라도
한 천년 고향 마을 하나 우뚝이
붉은 주문呪文으로 이 땅에 세우기 위해
깜깜한 밤을 눈 밝혀 놓은 것이다

흑장미 한 송이

화려하기로야
궁궐 왕비의 옷매무새 같을까
붉은 카펫 위로 검은 드레스 끌며
황금빛 난간을 날마다 위태하게 걷는
진주빛 눈동자, 미소 뒷켠의 서늘함
사랑은 제국과 왕국의 사치
그마저 아스라이 노을로 삭아
걸음 걸이가 너무 허적거렸다지
전설의 여인

검은 의상 안 섶 볼록한
슬픔의 고임
봉긋한 빛남이 차라리 서러워라
그의 밤은 차운 이슬만 내려
새벽이 와도 음침한 음모의 정원은
한 접시 미명
고운 세월들 찰랑거려도

홀로 벌써 시드나니
한 송이 검은 허상
퍼뜩 한 줌의 어둠이 되는

낙엽 지네

하, 밝고 붉어라
더 짙게 어둠의 자세로 밤을 건너와
별빛보다 더 빛나는 눈빛으로
전신 까닥거리다가
신을 끌어다 무릎 밑에 두고
천만 번을 까르륵 철학하면서
이제는 낙뢰, 벼락치듯 지네
하늘 부여잡던 손
가만히 놓는 거야
우주가 한 바퀴 뱅그르 돌아올 때
진동을 멈추어 고요에 들고
어디 예쁜 계곡 하나 보아 두었다가
돌아올 듯이, 허공에 인연 한 자락
아직 선율을 치는거야

꽃

나는 이름 없는 꽃
몽글게 진흙 속에
씨앗으로 한 오백 년을
웅크리던 꿈

한 생으로는 부족하여
후생의 후생에야
떠 오른 빛깔과 향기

마침내 지상을 넘치는
사랑의 여울
번지고 물듦

벚꽃길에서

벚꽃길 속으로 걸어보네
내가 완전히 해체되어
분분분 흩날려도
이렇게 세상 산뜻하고
가슴 설렐 줄이야

이쯤에서 저승길 터 와도 좋으련
검은 고목으로 기적을 만드는
조화에 고된 몸 맡겨두어도 좋으련

세상을 떠돌던 고운 소리들의
화음이 펄펄 꽃의 몸짓이 된다면
삼대의 가족 거느리고
벚꽃길 걸어보겠네

봄볕 아무리 아름다워도
꽃잎 살랑거림에 당도해서야

무지개빛도 환히 번지는 것이지

몇 개의 산을 넘어와
침묵이 되어버린 징소리같이
고요에 고요의 꽃잎
내리고 쌓여
육신을 놓고 떠나는,
번뇌 한 줌도 없이, 저승 나들이
곱게 늙은 할머니 버선발 뜨락

새의 자유

허공을 나는 새는 자유를 잃고

나무 가지 위에 앉은 새는 자유를 누린다

제*2*부

비무장 지대를 가다

군대 생활 군화끈 단단히 매던 시절
비무장 지대를 완전무장으로 가끔 들렸다
절대의 침묵,
침묵이 바로 공포일 줄이야

나무들은 쑥쑥 자라서 몇 철이고
무성한 무념 무상

소리 없는 곤충들이랑
나비들만 남북을 한 하늘로 꿰였다

철조망 몇 겹
한반도 허리를 졸라 매고
그들은 북에 가두고
우리는 남에 가뒀다

사람들 자취를 끊고 나면

동식물의 생태학적 보고가 된다니
남북이 서로 적이 되면
만물 생성의 보금자리, 이 역설의 언어

비무장하라,
별 몇 개 장성의 명령보다
더 카랑카랑한
푸른 하늘의 명령 아래
우리 일행은 가만히 총을 뉘였다
한탄강은 한탄을 풀고
평화의 물길로 큰 바다에 가고 있었고

달팽이

머물다와 간다의 사이
그는 한 낱의 점이다

출발과 도착 사이
그는 한바탕 몸짓이다

의식과 무의식 사이
그는 한 끗의 풀빛이다

살고 있다고 느끼고 있을까
죽었다고 생각마저 거두었을까

존재와 시간 사이
지구를 지고 떠난 영겁의 시간대
가까스로 당도하는 무아無我

고려 청자

아무리 곱게 빚었어도
그의 존재 가치는 공空

십장생 놀다 가고
도요에서 도요새가 나와
새벽 빛깔로 울 때

인생들 살다 죽고
만가挽歌 쑥빛으로 흐르고
고요로운 공空

바람과 꽃

바람이 전생을 건너올 때
한 생애 꽃에게 물들고자 하였으니
꽃의 향기가 바람의 전신에 절어
바람은 마침내 꽃의 숨결이 되었다

꽃이 목숨의 불 밝힐 때
바람도 꽃의 영혼에 깃들어
함께 산천을 떠도는 유랑

꽃의 빛깔과 향기가 바람에게 가서
바람의 형용은 시작되었고
온 천지에 꽃말을 전하며
바람도 형형색색 유전流轉하였다
끝내는 꽃과 함께 퍼뜩 어둠이 되었고

바다를 떠도는 바람은 바람의 환상
사막을 떠도는 바람은 죽은 바람의 유령

꽃과 바람이 함께 목숨 마감하는 날
꽃잎도 하염없이 흩날려
바람의 영원한 몸짓이 되었다

오늘 나는 가을입니다

산사 숲길로 내리는 종소리에 젖으니
가을이 문득 보입니다

저무는 계절 사이로 늦은 산국에 눈 뜨니
가을이 스르렁 들립니다

오늘 노을은 더욱 붉지요
오늘 나는 가을입니다

새들이 떠난 하늘
텅 비어갈 때
온 세상에 가을이 가득 차오릅니다

가을은
만물이 육신과 영혼이 갈라서는

서러운 계절
오늘 나는 흰 영혼으로 산자락에 남아
가을의 들꽃입니다

개망초꽃

얼마나 망설였을꼬
이 땅에 꽃으로 오시는 걸
들녘에서 만난 풀꽃
꽃이라 이름 붙일 수도 없어
한 번 지나치면 기억되지도 않아
꽃으로 생애를 짓는 운명을
얼마나 망설였을꼬

곧 시들거야
고향 떠나며 뒤돌아보면
산 모퉁이 시야를 지우는 뿌연 연무煙霧

드디어 계절 바뀌고
추억이라니, 그 덧없음을
그리움이라니, 그 무상함을
지나가는 풍상일 뿐

꽃이면서 꽃이 아닌
애절함만 흔들고 있어
먼동이 올 때, 그게 영혼의 빛깔일까

그리 나오신거야
우리네 들길 나서는 할머니 같아
꽃으로 오신 게 아니라
옛날옛적 전설로 오시는거야

숲속에서

세상의 모든 그늘은
숲속에서 진화했다
잦아드는 세기의 비명
칼빛 번뜩임도
빛의 뒤안으로 어스러이
그의 날을 숨긴다
밝은 빛살 두들김
안으로는 그늘의 고요, 여기는 숲속
만 가지 형용을 평면으로
펼치는 사념, 한 폭의 수묵화려니
장차 큰 철학의 물줄기와
현란한 종교들이 숲에서 나와
온 세상에 범람할 것이다
스스로 가두는 자아가 아니라
절제하는 정좌靜坐

빛의 세상을 예언하는

웅장한 묵시록默示錄

그늘에서는 이목구비를 구분하지 말 것

음성으로 기의記意를 표방하며

가슴 복판으로 요동치게 할 것

어둠으로 담금질 해내는 금빛 활자

천 년의 경經이 되는

오늘은 밤이 만 년

별빛 따스히 스며든다

우주로 통하는 이 관문

무위자연無爲自然으로 가다

인감증명을 떼러 동사무소에 갔다
지문이 뭉개져서 감식되지 않는다
어쩔거나, 나를 증명할 수 없으니

직립보행으로 손은 문명을 만지작거렸으나
팔십여 성상 손가락이 닳고 닳아
현대 문명의 이기로도 나를 인증하지 못한다

인식의 자아는 존재하나
나의 실존은 소멸되었다
하늘처럼 밋밋한 민 무늬 인생
늘그막엔 인생의 본질마저 불확실성이다
사람은 육신으로 먼저 망아忘我가 오고
정신으론 치매가 뒤 따른가 보다

비우기에서 지우기로 진행 중
다시, 완전한 무허無虛

스스로 그러한 대로 진화하는 자연 법칙

며칠 간 긴 여행 중에
내 가족들이 서서히 나를 잊는 것이다
소멸이란 천천히 조금씩 지워지는 것이로구나
덩그러니 자연만 남는 것이로구나
나는 없다, 없다
나는 이 땅에 없었다

초원의 빛

나는 한 마리 순한 사슴
언제나 정갈한 한 목숨만 끌며
너라는 이름의 초원에 살아라
천지는 소록소록 너의 숨결
아침마다 안개 머물다 가면
씻긴 듯 네 가슴은
무성한 초원의 빛깔

너의 능선을 자꾸 넘다보면
너의 너머에 다시 신비한 속삭임
언제나 너는 앳띤 속잎이어라
그렁거리는 사랑의 눈빛이어라

세상은 너를 넓혀 평화를 심는다
변함없는 온건한 평화
지그시 너에게 기대면
너는 가슴 열어 옹담샘물을 흘린다

너를 스쳐온 바람은 새로운 봄을 짓는다
너를 종교처럼 받들면
별빛 가득 쏟아지는 것이니
밤 깊어 너는 나의 고운 꿈결이네

나는 언제나 나의 초록 가슴에 살아라
눈부시게 눈부시게 너는 초원의 빛
세상에 처음 내려선 선녀의 옷자락이네

오작교 건너

오작교 건너가면
막막한 어둠일까
천만년을 반짝이는
별들일까

오작교 건너가면
눈부신 사랑일까
천만년을 목숨 바칠
사랑일까

은핫물도 흘러야 하지
저승까지도 굽질러 다녀와야지
사시사철 꽃은 피고 지고
우리들 사랑일까
천만년을 끝끝내 사랑일까

허공에 악보를 걸다

허공에 악보를 매다는 거미
어둔 운명을 노래하는 악성樂聖이다
전생에서 유전된 소리는 발 끝에 삭고
이승에서 득음한 소리도 묵음默音
이슬 초롱이초롱이 음표로 앉히면
하늘 높은 음계의 검은 옥타브
눈 감은 채 전신으로 악보를 짚는다

이윽고
은하도 빛부신 악보가 된다
소리가 빛으로 변주變奏되는 신화
밤 꼬박 악보를 쓰고 읽고
드디어 마성魔性을 벗다
먼 후생에는
일곱 빛깔 무지개의 악보가 뜨리라

제 **3** 부

눈이 내린다

우리는 따사롭게 살기 위해 여기 오노라
호수에 빠지면 찰나의 삶
언덕에 앉으면 바람에 휩쓸리고
그러나 가만히 얹히고 싶은 곳은 동네 텃밭
이랑이랑 위로
마을 아동들 하얀 웃음 소리 섞이고
골목 에우는 토담 위에
몇 나절 눈부시게
하늘도 버리고 여기 오노라

우리는 아름답게 살기 위해 여기 오노라
연인들 흰 발자국 놓으며 지나가고
성당 종소리는 차운 허공을 가물거린 뒤
섣부른 햇살 몇 줌 언뜻 스치면
가만가만 어깨동무로 누리는 우리들 세상
우리끼리만 가늠하는 하얗게 무슨 잠언 같은 것
가슴 속으로 서로 번지는 따스한 온기 같은 것

적막 위에 또 한 겹 덮이는 고요
우리는 좋은 세상 살기 위해 여기 오노라

눈으로 와서 하얗게 눈으로 마감하는
눈부시게 눈부신 이 한 세상

어느 여류 시인

혼자 글 쓰며 산 지 오래되었다지
남녘 작은 동네 길은 깊어
추녀가 높이 산 이마에 얹히는 집
그늘만 마당 가득하고
토담 밖으로 쪼르르 서러움 세운
붉은 접시 꽃
아직 여름인데 가을 같아
고추잠자리떼들 침묵의 윤무

혼자 시 쓰며 산 지 오래되었다지
그 집엔 제비 들락거려
의미 모를 먼 소문만 물어오고
망설임도 짙어져 겨우 다다른
서정시의 그늘

그 집엔 노을만 오래 머물다 가고
쓸쓸함이 맑게 수채화로 물들고

일어서는 것은 한 채의 침묵

빈 집을 고요가 쌓일 때
별빛이 가장 많이 내리는 집

소나기의 노래

소나기는 스스로 무엇들의 영혼이다
자신의 육신을 거두며
신성한 액화液化의 영혼이다
만물에 기대어 울고
온 누리를 가득 채울수록 비워지면
뭇 생령들의 일시에 터지는 울음보

처음은 하늘 가득한 설렘
이윽고 무수한 부호들로 살아나는 언어
은백의 의미들이 어둠의 어깨를
짚어 누르고, 서늘한 감각들이
감동의 체온을 이끌어 내는 광장

창세기의 어둠을 쫓으며
우리는 꼭 우리들만이어야 한다고
추락하는 냉기류 시간들의 빗줄기
다시 또 다른 육신을 찾아

윤회를 꿈꾸며
이승을 무정하게 떼지어 떠나는
연록의 염색체 영혼들

징검다리 · 1

징검다리를 건너 봐야 안다
냇물이 고요 속으로도 유속流速이 있다는 것을
숨겨둔 물소리들 함께 일어나
속살거리며 초원의 신비를 들려준다는 것을
모였다 갈래 짓기도 하고
다시 모여 영원의 침묵이 되기도 한다는 것을

징검다리를 건너봐야 안다
잠시 멈춤도 이어짐의 한 통속이라는 것을
건너 뜀 없이는 냇물의 존재를 알 수 없다는 것을

인생 행로에도 징검다리가 있다
잠깐씩 이별이 끼어들어야
사랑도 제 빛깔로 여무는 법이다
슬퍼도 해보자
간간히 눈물도 흘려보자
한 발짝씩 건너 뛰는 기쁨

긴장과 해이의 교차점에서
끝내는 환희의 발걸음이 되는 것이다
우리 함께 고요한 유속을 즐기자
안으로만 굽이쳐도 거뜬히 대양에 닿을 것이니

징검다리 · 2

꼭 가야만 해
어둠이, 가시밭이 가로막아도
건너가서, 우리는 만나야 해

우리는 꼭 만나야 해
칠십 몇 해 이별이었던 것
매서운 운명이었어

흩어짐은 만남을 위한 잠시 변통
소리를 내어야 형용이 일어나듯
간절히 소망하면
운명도 한 줄기로 모아지는 것

음침하게 음모하던 밤의 낯거죽
벗으며 먼동이 일어나듯
우리와 우리끼리만 통하는 언어로
속살속살 만나야 해

밑에서, 안에서 손을 서로 뻗으면
이승 저승도 맞닿아
삼천리 방방곡곡
가로막는 무슨 산맥인들
이제는 우리끼리 함성이 되어서
건너가야 해

우리는 우리와 만나야 해
아, 드디어 밤은 밀어내야 해

몽돌로 누워 · 1

몇 천 년쯤
물결에 맡겨 두어도 좋아
천둥 우박으로도 다스려지지 않던
거친 흠결 매끈히 지우고
내상內傷이 아니라, 깊이 품었던
고운 빛깔을 뿜어내지 않던가
결결이 보드라운 눈빛
달려왔다가 가만히 되돌아가는 파도
오랜 친구 같기만 하지

생애가 모진 황야에 놓였었지
수만 년 굽이쳐온 태평양
한 톨의 몽돌 앞에서는
수포만 놓고 떠나는 원시의 세월

이 강산 휘휘 유랑하며
와선臥禪으로 천지의 경經을 읽는 중

서로 눈 떠라 하며
목숨의 소리가 함성이 될 때
바다는 철썩, 화답하며 천 리로 물러가지

몽돌로 누워 · 2

몇 천 년을 해변에 누워
골똘히 와선臥禪에 들면
태평양 바다도 환히 열려라

한 생의 방황도 끝냈지
무거웠었네, 번뇌의 짐꾸러미
억만 굽이 물결에 몸 맡기며
검은 눈동자로 여명의 눈 뜸
잘도 보이네, 물보라 부서짐이여

생애의 무릎까지 닳아
우주의 슬하에 몸 부려
모두들 입 모아 바다 경經을 읊송하면
동그랗게 운명은 다소곳해져

육지와 바다가 몸 섞고
밤과 낮이 몽글몽글 서로 얽히면

와그르 와그르 천근의 함성

수많은 돌멩이들이 일제히
천둥소리로 바다를 일으켜 세우네

붓꽃

중국인 사마천은
궁형에 처하여 궁벽한 시대를 살았다
인류 최초 사기를 쓰고
천 년 또 천 년 뒤까지
붓을 푸른 물 먹여 벽공에 걸었다

꼿꼿이, 인류의 시작과 끝을
하늘에 대고 쓰고 또 쓰면서
화무십일홍花無十日紅이라며, 자신은 영생했다
진실이란 붓 하나로 살며

거룩한 사기의 까마득한 뒷날
검은 밤 두런거리는
인간 운명의 예언
역사, 서사가 푸른 서정이 되는
초롱초롱 하늘 내림이여

와불臥佛

깨달음 다 채우면
바람 없이도 눕는다는 말인가

스스로 누워
하늘 올려다 보는 돌의 눈 뜸

온 밤을 어둠 가득 채우고서야
굽이치는 은하처럼

하늘을 내려받아
진종일 묵언의 말씀

무거운 직립의 세월을
스스로 누워
한 천년을
풀어내는 미소

대숲을 우러르며

거기에 늘 계세요
파르르 망설임의 숨결
숨죽여도 이는 미풍
내 귀에 다 어른거려요

조각달이 그대 속 깊이 사무치며
어둠의 신음까지 얼룩거리면
푸른 몸살 일어요

힘차게 펄럭이는 깃발
꼿꼿이 꼿꼿이 솟는 신념
이 강산 붉은 이리떼를 쫓고
다시 고향 땅에 다소곳한
눈빛 서늘한 독립운동가처럼

그대 우러르면

눈시울이 젖어요
내 유년의 고향에 늘 계세요
끝내는 스스로 어둠이 되어
보름달 키워서
왁자지껄 빛의 함성되게요

나무의 작문법

여름철에는
허공이 나무에 젖어
푸른 수필을 엮고

겨울철에는
나무가 허공에 몸풀어
하얀 시를 빚네

제 **4** 부

우리 어머니는 따뜻한 등불이었습니다

우리 어머니는 '우리'로만 존재했고
당신은 하나도 없었습니다

등불 내걸고 집안을 항상 밝혔습니다
뒤안의 대숲에서 어둠이 덮쳐나와도
무섭지 않았습니다
어머니의 무명치마가 막아주었기 때문입니다

새벽 닭 울음같이
어머니의 목소리가 우리의 늦잠을 더 포근하게
하였습니다

우리는 우리 어머니 나라에 살았습니다
겉보리 방아를 찧어도
땀 몇 방울 송알거릴 뿐
어머니는 어디서 그렇게 힘이 펄펄 솟았는지 모릅
니다

어머니의 부엌에는 좀도리 쌀 항아리를 두었습니다
쌀 세홉이 세 말이 되는 어머니의 요술
춘궁기에도 할아버지 밥그릇만 흰 쌀밥이었습니다

밤마다 마당에 나가
어머니는 별을 찬찬히 보았고
내일 날씨를 읽었습니다

우리 오남매는 모두
어머니 나라의 순한 백성이었습니다

우리가 몇 생을 살아도
우리 어머니는 딱 한 분이십니다

아버지 생각

이 세상에서 제일 거룩하셨던
우리 아버지
옳은 생각으로만 좋은 일로만
평생을 살으셨으니
아버지 눈빛은 신의 계시처럼
내 늘그막에 생생해
뭉클뭉클 감성의 앞장을 가리네

아버지 무덤은
무슨 사원처럼 경건해
살아 생전 천신만고 가락가락
경전처럼 아랑아랑 들려오고

절하는 대상은 한낱 풀 무덤이지만
작은 바람결에도 나붓거리는 풀잎은
아버지 생전 침묵의 가르침
몇 개의 산을 넘어온 징소리처럼

내 가슴 먹먹할 뿐

내 일생 동안의 지식 쪼가리들
무덤 위 풀잎 한 끗보다 작은 오라기
아버지는 오롯이 계시고 나는 저무는구나
감정만 울먹이는 이 한 자락 심신

엄하거나 따뜻하거나
아버지 눈시울 지금도 그윽해
평생 울음 한 모금 보이지 않으셨는데
아버지 무덤은 온통 울음 덩어리야
엎드려 받드노니, 아버지의 짙은 그늘까지

풍경風磬소리

어둔 신화 시절
물고기들이 하늘 떠돌고,
절간 처마끝에서는
쇠 물고기가 뎅강뎅강 울었지

구상 시인 댁 안방 벽에는
이중섭 화가의 그림이 걸렸었는데
물고기가 하늘을 나는 그림이었어

진화란 육지의 짐승이 바다 속에 허파로 숨 쉬고
물고기가 뭍에 올라 아가미를 벌룽거리는 것

대웅전 고래등 지붕
사방 끝머리는 지느러미가 풍경소리

고승의 염불 소리는 사람보다
물고기들이 더 잘 염량함이라

사람들도 아가미 뻐끔거리며
물 밑으로 살러 가면
진화는 완성되는 것

풍경소리가 마침내
천지의 생명들을 깨우는 것

엉겅퀴꽃

생애가 온통 형극荊棘이야
온 몸 가시 여미고 모진 시대 억척으로
후미진 곳에 피는 꽃
마치 한국의 어머니 같아
'여자는 약하나 어머니는 강하다는'

염천을 벼랑 두르고
이슥한 산야
한 생애 허공만 찔러
노을빛으로 벌겋게 벙그는
마침내 어머니 모성 같아

험한 섶 길
나뒹그는 바람의 뺨 찌릿하게
고난의 고난, 시련의 언덕을 넘어
어떻게 꽃으로 온단 말인가
천형天形이야, 그 피비린내를 뚫고

솟아서 꽃이 되는,
살갗 저미는 업보로만 스스로를 얽어 온 자태
이윽고 어머니 눈빛이야

꽃이 아닌 것이
제일 귀한 이 강산의 꽃이야
아파라, 영혼까지 쩌렁하는
석양의 어머니 뺨, 그 빛일레
어머니의 그윽한 눈빛이야

매미의 경經

창공에 소리의 절정을 띄우던
영웅 시절도 있었지

소리 다 내어 숲도 세우고
허공에 무지개도 띄웠었지

한 점의 빛낱도 허용치 않는
칠흑의 생애

교양 높은 백작처럼 은둔의 땅에서
죽음의 미사를 맞는 경건한 침묵

땅 밑으로 숨는 온갖 모순들
오물거리며, 차곡차곡 어둠을 주름 잡고
생애가 절대의 고독, 다만 홀로라네
윤회의 매듭 지우며 구천지하에
지옥을 경작하는 운명

7년 악보를 꿈꾸어
6일의 공연을 마치면
대 서사시 한 편 하늘을 연다

철학하리라
존재와 무의 경계를 넘는
읊조림, 신은 침묵하고
장차 찌르렁 소리의 경經 한 자락
푸르게 펴리라

섬

바다가 섬을 세우고
다시 지우려 한다
배려와 배척은 한 가지 어법
역설의 파도 앞에서
섬은 몸서리를 친다

바람도 달려와
섬의 깃발을 넘어뜨리려 한다

섬이 태초에 선언이 될 때
신들도 침묵했었나니
섬은 아득한 신화였다
전신으로 움찔거리는 바다 앞에서
끝끝내 지켜낸 섬의 영혼
섬은 별빛을 끌어들여 몸결을 새겼다
저 골골이 절리, 자연의 역사는 비롯되었다

지구의 근원이었던 섬

섬은 스스로 소리이고
입체의 기호이다

종달새에 대한 회상

참 그랬었지
하늘 깊숙이 허공 뒤척이며
비리비리 비올롱 종달새 노래
우리는 그때에야 하늘을 올려다 볼 줄 알았지
모든 새들은 울지만
종달새만은 노래한다고 믿었었지
자운영 꽃밭 이슬은 오송송오송송
바지가랭이 젖는 줄도 모르고
내 유년은 초원에 출렁이던 시절
아버지 쟁기질 들녘 나설 때도
종달새 노래는 영롱했었지

참 그랬었지
종달새 노래가 온 들녘을 들썩거리게 했지
지금 늘그막엔
그 노래 소리가 왜 울음 소리로 기억되는지 몰라
이 세상에 종달새는 자취가 없고

우리들 하늘 올려다 볼 일도 없어졌어
하늘의 아침 일기는 지워졌어
오늘날 하늘 빛은 회색 빛
온갖 잡 소리만 지글거리지

어둠별

금성이 한반도 초저녁의 태백성
해 지고 사방이 어두어짐을 알리는
반짝반짝 어둠별이래

삽살개 허기의 어둠을 짖으면
흰 옷 청상 뜰에 내려
한 바가지 울컥 쏟아 개밥바라기

나그네 천 리 길 천안쯤에서
장경성 뜨고

바깥 세상 어둠 끌어다
제 운명 삼는,
가슴으로는 언제나 새로 돋는
샛별이래

한 때는 천사였다지

미천한 구석 자리에서도 빛나라
저승까지도 환하게 명성으로

하늘이 허공을 비울 때
새벽길 여는 목자의 등불
마지막은 계명성, 새벽 닭 우는
동녘에 홀로라네

달맞이꽃

가족들 송편 빚는

툇마루 푸른 밤

저 휘엉청 달빛엔 꽃가지도 휘겠네

중심은 없다

하늘엔 중심이 없다
딱새떼 하늘 덮다가
진로가 변방으로 꼬부라지고

하늘엔 중심이 없다
빛발치는 은하도
서남쪽으로 기운다

광장에 모였던 사람들
그 함성들
까마득하다

지상의 온갖 물줄기도
제각각 길을 잃은 채
계절마다 다르게 흐른다

하늘엔 중심이 없다

격포 채석강

정승으로야 황희 만한 인물 또 있을까
천만 굽이 세파 다가와도
가슴에 다 품어
결결이 전신으로 앓아도
큰 해일쯤은 그냥 막아서서
조선은 해동성국

만 권의 책을 쌓아 두고
천지의 운세를 짚었다지
별빛이나 벼랑에 닿을 듯
다만 우뚝 솥 하나 세우고
청렴 청백리 허공으로 숨 뿜어
북적물이나 왜적도 넘실거리지 못해
호남 호북, 다 덕 높은 황희의 산하

제 **5** 부

내 영롱한 그늘이여

숲이 높아질수록
그늘이 짙어진다는 것을
철이 들어서야 알았다
나무들 키 솟을수록
서늘한 기운이 숲에 깃든다는 것을

내가 겪는 세상의 격랑
천둥소리도 숲에서는 잦아들고
숲에 세월 고일수록
그늘은 무성해져
우정의 시절 마디마디 쌓일수록
가슴 융숭해지는 거로구나

내 거친 황야의 생애 뒷켠
친구여, 나의 빛나는 그늘이여
떠나지 않고 늘 곁에 있었구나
낮에는 네가 내 그늘이 되면

이슥한 밤엔 내가 네 어둠이 되리
해와 달이 번갈아 돌면
언제나 너와 나는 담뿍 서로의 그늘

현고학생부군신위 顯考學生府君神位

저승 아버지들은
모두 와서 다 잡수소
따로 아버지 이름, 호도 없고
생물연대도 없어
천지간 죽은 아버지들은 내 아버지
모든 죽음의 혼백에게 현고학생부군
오늘 제삿날, 저승 아버지들 다 오소

굶는 영혼 어느 골짜기에나 다 있어
아무집에나 제삿날은 모두 가서 현고학생부군
제사도 못 얻어 먹는 전쟁 혼령들
포화에 산화한 조선 아버지들
다 찾아와 흠향歆饗하시라지
모든 죽은 이는 모든 산 자의 아버지

온 세상을 공평하게 눈 내리 듯
죽은 자는 모두 공평하게 서늘한 혼백

저승 고개 넘어 가서도
때때로 배우고 익히며 모두 학생이 되고
죽은 이에게서는 성명도 떼어버려
첫닭 울기까지는
저승이 이승에게 아버지로 정좌
유세 차 모년 모월 모일은
조선 아버지들 신위
상향尙饗

딱 불빛 한 초롱으로

가로등은
듣는 귀로만 서 있네

한 생 그림자 하나만 키우다가
새벽을 발등으로 일으켜 세우네
신은 늘 어둠 속에서
눈빛을 틔우지만
가로등은 저승까지는
불빛 밝힐 수 없네

존재의 그늘 하나 거느리며
딱 불빛 한 초롱의 운명이네

대낮에는 빛을 잃고
영혼까지 흩어져 버리네
숨소리도 멎네

대낮은 깜깜한 사막
온 천지 막막한 황야를
사람들은 헤매네

가로등불 밑에는
달맞이 꽃도 얼굴 내밀지 못하네
우리는 꽃도 없이 참 막막하네

가로등은 홀로
듣는 귀로만 서 있네

귀뚜라미

어둔 데서
참으로 맑다

칙칙한 절기
청량한 목청, 단가 한 소절

몸은 시려도
가슴은 따뜻하게

서러운 어머니
아기 품 듯
참으로 곱다

잡음하나 섞이지 않게
목청을 긁어
애잔한 선율

어디로 떠나려는 듯이
이별인 듯이

가을인 듯이

별

밤은 언제나 검은 치마의 마녀

그녀의 꿈결로는 항상 천사를 동반한다

어둠의 마성魔性이 짙을수록

천사의 미소는 더욱 빛난다

제주 망덕 바닷가에서

망덕리 바람언덕
민들레 솜씨 하나
바다 깊숙이 날고 있었다

수평선 쪽으로 가물거리는 목숨
어찌할꼬
무수한 생명들이 무너지는데
파도를 향해 무심히 떠가는
생명의 씨앗 하나

조상하듯 몇 번을 검은바람까마귀가 날고
이내 어둠이 차르르 덮쳐 왔다

그리하여
천지에 의미없는 소리만 월월거리는
검은 물굽이
망덕리는 옛날옛적 검은 전설만 살고 있었다

이명耳鳴

찌찌르르르
매미 소리일까
내 이명일까

매미 허물 벗고 세상에 나와
전신을 소리로 외치다 허공이 되지

내 한 평생은
듣고 보고 느끼는 것 다 허망하고
다만 귀 울림 소리만 남는구나
그리하여
혼신으로 귀만 울다가 천지간에 흩어지는 것이겠지

매미는 땅 속으로 돌아가
새 생명을 꿈틀거려 윤생을 이루지만
사람들은 땅에 들면 절명일 뿐

그냥 그대로 혼곤한 무명無明
사람이나 매미나 윤회는 있는 것일까

늘그막에 내 안으로 파고드는 소리
매미 소리일까
내 이명일까

갈대

참 이상하다, 갈대는
먼 곳으로 누군가를 떠나보내는
이별의 몸짓이다

나풀거림
전신을 휘저어
그리움의 몸짓이다

참 이상하다, 갈대는
눈 감은 듯 그윽히
먼 강 끝간데까지 바라본다
고요함으로 함성을 일으키는
절절한 몸짓이다

강가 노을 녘에는
무슨 정갈한 영혼들만 어슬렁거린다
한 생애 상처로만 키 세워

마구 흔들려 모두 이별의 몸짓이다
몇 마디씩
쿨럭거림의 사랑만 굽이친다
참 이상하다, 갈대는

석수장이

부처는 온 세상 떠돌다
돌이 되었다

돌 속에 몇천 년을
말씀 가두었다가

석수장이에 이끌리어
부처님이 되셨다

부평초

딸만 여덟 낳고
아들 못 낳아 소박맞은 신세였단다
이 머리 하얀 할미는
고만고만한 어린 것들 눈에 동동하고
보리개떡 석삼년
바가지 물만 벌컥거렸고

늘그막엔 이 딸 저 딸 찾아
떠돌던 팔도 강산이었고

속빈 대나무도 죽죽 세우려면
뿌리부터 골속골속 어둠 뚫어야 하는데

거룻배에 샛강 건너며
영혼부터 멀리 떠나보낸
인생살이였단다
이 할미는

제 **6** 부

종소리 · 1

온 세상 종소리
떼로 울어
노을이 번졌다는 전설

노을이 날마다 더욱 붉어지면
또 다시
종소리 떼로 일어날 것이란 전설

종소리 · 2

고운 여승 앞에
속세에 두고 온
어린 딸이 찾아 왔다

내려 가거라, 제발
자꾸 소리없이
손만 저었다

종소리 · 3

신의 손길로
산수화 한 폭 펼치더냐

신이 문득
눈을 떠

굽이쳐 한 세상 펼치더냐

종소리 · 4

사람들 본래 동굴에서 나와

다시 동굴로 들어간다

원시시대의 동굴
종소리 화석들 조각조각
희디희게 누워있다

종소리 · 5

산사 새벽
종소리 내려 오자

사람들 뜨락
꽃의 요령들
형형색색 흔들며 일어서고

종소리 · 6

하늘이 사람들을 시켜

종을 울리게 했다

그래서 종이 울리면
사람들은 경건해진다

종소리 · 7

세상 종소리 희미해지면

달이 환하게 떠오른다네

달이 떠돌며
하늘에 달랑달랑 종소리를 낸다네

종소리 · 8

먼 곳에서 들려오는
슬픈 소문

잦아지면서
하늘 떨림

종소리 · 9

신이 지상에 내리는
계시 두 가지

하나는 허공 가득 채우며 오는
종소리요

또 하나는 허공을 비우며 오는
바람의 여울

종소리 · 10

우주의 운행을

저런 빛깔로 알리는 것일까

종소리 · 11

천하가 모두
서로 물들거나

서로가 서로에게 번짐

종소리 · 12

딱 한 번 울고

영원한 침묵이다

한 가슴
허공만 품은 채

종소리 · 13

사람들 가슴 울림으로 빚은 소리
신의 고막에 다다를까

신을 품어
종은 영원한 적막

채송화 · 1

하늘을 여는
들 길, 원두막 지나
작은 마을 동구밖

몇몇이 모여
예쁜 소녀들 소꿉놀이

머리 위로 노랑 할미새 날아가고
소녀들 까르르 웃음꽃

옛날이 지금은 정적
나의 기억 속에는 지금도
모락모락 아지랑이 봄 길 굽이쳐
쪼그맣게 앙증맞은 소녀들
고운 꽃 무더기

채송화 · 2

빛나거라
한 생애 내 사랑만큼

사랑은 노을빛

꿈결로 와서 뜰에 내리는
별빛

너무 멀구나
아스라이 저무는
징소리처럼

새벽빛 침묵을 깨고 나와서도
바르르 떠는구나
내 사랑
끝끝내 고요

채송화 · 3

사람들 들창 밑이야
하늘을 가장 높게 받드는
눈부신 운명이야

올망졸망 품었던 몇 계절
그 깊은 꿈결이야
광장의 피비린 내를 지나서
형형색색 목청이야

하늘도 식어서 이슬 내리고
새벽 빛으로 숨결 틔우는
정갈한 목숨이야

가을까지, 무서리 올 때까지
이 생명 다 바쳐
마지막 퍼올리는
영혼의 몸짓이야

채송화 · 4

눈빛 초롱초롱
건너와 내 가슴에 꽂히면
온갖 생각들은 날라가 버리고
다만 가슴 울렁거렸어라

왜 그 키 작은
새암가 꽃들 고만고만 하여
다만 가슴 뭉클하였어라

세월이 한참 흘렀어도
그때 그 사랑으로
울렁거리고 뭉클하여라
가슴 가득 고여 있는
지금도 빛깔 고운 내 사랑

채송화 · 5

창 밖에 비 오고
내쫓긴 운명으로 서서
울먹이며 하루의 난간에
생애가 저무네
저 초라한 꽃

풀섶에 노냥 묻힌 채로
그냥 잡초의 운명으로 서서
눈길은 하염없이 허공이네
창밖에 비 오고

그대 슬픈 내 사랑이네

채송화 · 6

물길로는 쪼르르
파란 물새

산 자락으론 너울너울
노란 나비

동구밖 들어 서면 올망졸망
곱다랗게 채송화

사람 사는 동네가
절로 보이네
물 길러 골목길 나서는
옛 사랑 나붓이

채송화 · 7

이 세상 제일 고운 소리로
온 누리 가장 예쁜 빛깔로
빚어서, 이승을 이별하는
마지막 꽃길

청순하여, 순결하여
멀리 두면 가물거리고
먼 훗날
정갈한 내 영혼이나 가 닿으려나

나는 거친 황야에서 방랑하고
내 사랑은 멀리에 있네
종소리처럼 먼 곳에서 우네

무너지네

가만히 보아
물방울 홀로일 때는 간곡한 머물음이야
몇이 뭉치면 금방 무너지네
무너짐은 흐름인 거야

가만히 보아
흐른다는 의미가
강물에겐 온당치 않아
아래로 아래로 무너짐을
사람들은 흐른다고 해

무너지지 않는 것은
세상에 하나도 없어
그래서 무너짐은 만고의 진리야

무너짐으로 큰 하나 이룩되는 것을
바다라 하네

바다도 무너지면
해일海溢로 솟아
그리하여 허공으로 무너지면
또 하나 세상을 펴는 것이지

사람도 제각각
무너지면, 강물 나아가듯이
도道가 되는 거야

| 평설 |

'화이부동和而不同'에서 '위대한 존재存在'로

임 명 진

(문학평론가·전북대명예교수)

〈1〉

동양의 고전『주역周易』에는 총 64개의 괘卦에 대한 해설과 주석이 들어있다. 그 중 하나로 '동인同人' 괘가 있으니, 이는 상괘上卦 건乾과 하괘 리離가 합쳐져 이루어진다. 건이 하늘[天]을 뜻하고 리는 불[火]을 상징하니, '동인'괘는 통상 '천화동인天火同人'으로도 일컬어진다. '동인'괘는 불이 하늘로 향하는 형상으로 해서 겉잡아 '어울림의 정신'으로 풀이된다. 또한 이 괘의 괘사卦辭에 "사람들과 더불어 들판에서 어울리니 형통하리라(同人于野 亨)" 하거니와, 또 그 괘상卦象에서는 보다 더 선명하게 "불이 솟아올라 하늘과 어울리는 것이 동인同人이니 군자는 이로써 사람과는 어울리고 사물과는 나누며 지낸다(天與火 同人 君子 以 類族辨物)"라고 한다.

위 내용 중 '들판에서 어울린다' 부분이 주목된다. 들[野]은 온갖 초목금수가 살아가는 장소이다. 또 거기에서는 여러 자연현상들이 적나라하게 전개된다. 들판은 아무런 꾸밈도 없는 자연 상태를 일컫거니와, 그 안에서 온갖 생명체들은 각기 제 자리에서 서로 조화를 이루며 서식한다. 또 거기에는 바람·번개·우레·소나기·해일·물보라 등의 자연현상들이 수시로 나타난다. 즉 '들'은 '조화로운 생명 활동이 유지되는 장소'로서 이른바 생태주의자들이 말하는 '전일론적 유기체'가 되는 것이다. 사람도 그 유기체 내에서 예외가 아니어서 여타 자연물과 더불어서, 또 사람들끼리도 더불어서 조화롭게 지내어야만 군자君子가 될 것임을 '동인' 괘는 강조한다.

그러나 '들의 정신' 즉 '생명 정신'으로 사람들과 어울린다는 것은 아무런 성찰 없이 모든 사람과 같아진다는 뜻은 아니다. 어울리되 같아지지는 않는 '화이부동和而不同'의 자세가 요구된다. 즉 주변의 사람들과 조화를 이루되, 그들과 아무렇게나 부화뇌동附和雷同하지 않는 자세가 필요하다는 것이다. 이런 자세는 사람들과 어울리는 과정에서 스스로 자신을 성찰하여 진리를 향한 눈빛을 잃지 않는 데에서 비롯될 것임을 '동인' 괘는 웅변으로 말한다.

소재호는 화이부동和而不同의 시인이다. 필자와 서로 알고 지낸 지난 사십여 성상을 돌이켜보면, 소재호 시인은 늘 겸손하고 온유하지만 그의 내면 어디엔가는 남다른 커다란 무엇인가가 큰 바위처럼 자리잡고 있음을 항용 느꼈던 것이다. 그는 부드러우면서도 친근하게 여러 사람들과 두루 교류하지만, 그렇다고 그들과 아무렇게나 어울리지는 않는다. 또 온화한 말씨에 묘한 설득력이 있어서 주변의 흐트러진 언사言辭들을 말끔하게 정리하는 일도 그는 곧잘 해 낸다. 그가 도내의 굵직한 단체의 장 역할을 여러 번 성공리에 수행한 것도 이런 화이부동의 정신과 무관하지 않다고 본다.

〈2〉

소재호 시인의 제8시집 『나비, 선율의 시』에는 '들의 이미지'가 고루 산재해 있다.(이전의 일곱 권의 시집도 크게 다르지 않지만……) 이 이미지는 강·숲·동굴·초원·광야·사막·섬·골짜기 등의 상관물에서 변주되어 나타난다. 그 들판 여기저기에는 목련·달맞이꽃·붓꽃·산국·등꽃·벗꽃·엉컹퀴꽃·채송화 들이 수시로 피어나고, 억새·갈대·개망초가 바람·물살에 흔들린다. 물보라 이는 골짜기와 안개 서린 옹달샘 가 나무에선 매미가 울고, 파도가 철썩이는 바닷가에 누운 몽돌은 '와그르와그르 천근의 함성'(「몽돌로 누워 2)을 지르고, 나비가 나는 하늘엔 종소리가 퍼진다. 거미가 서식하는 숲에서는 때때로 낙엽이 지고, '비리비리 비올종'(「종달새에 대한 생각」) 종달새 우짖는 하늘엔 시시로 노을이 진다.

이 시집에 실린 7십여 편의 시에서 '들(자연)의 이미지'가 내포되지 않은 작품을 찾기는 쉽지 않다. 대체로 시인들이 자연물이나 자연현상을 시적 상관물로 삼는 경우가 많겠지만 소재호 시인만큼 자연/자연현상에 친화적으로 몰입하는 시인은 흔치 않다.

> 나는 한 마리 순한 사슴
> 언제나 정갈한 한 목숨만 끌며
> <u>너라는 이름의 초원에 살아라.</u>
> 천지는 소록소록 나의 숨결
> 아침마다 안개 머물다 가면
> 씻긴 듯 네 가슴은
> 무성한 초원의 빛깔
>
> 너의 능선을 자꾸 넘다보면
> 너의 너머에 다시 신비한 속삭임
> 언제나 너는 앳띤 속잎이어라
> 그렁거리는 사랑의 눈빛이어라
>
> 세상은 너를 넓혀 평화를 심는다

변함없는 온건한 평화
지그시 너에게 기대면
너는 가슴 열어 옹달샘물을 흘린다
너를 스쳐온 바람은 새로운 봄을 짓는다
너를 종교처럼 받들면
별빛 가득 쏟아지는 것이니
밤 깊어 너는 나의 고운 꿈결이네

나는 언제나 나의 초록 가슴에 살아라
눈부시게 눈부시게 너는 초원의 빛
세상에 처음 내려선 선녀의 옷자락이네
「초원의 빛」 전문. (밑줄 - 인용자)

  시적 자아 '나'는 순한 사슴이 되어 '선녀의 옷자락' 같은 초원(자연)의 품에 기대어 그 '숨결'과 '신비한 속삭임'에 휩싸인다. '그렁거리는 사랑의 눈빛'으로 감싸는, 또 '가슴 열어 옹달샘물을 흘'리는 초원은 '나'에게 '온건한 평화'를 안겨주고, 이내 '나'를 '고운 꿈결'로 인도하여 마침내 초원(자연)은 '나'에게 가장 안온한 '종교'가 된다. 이렇게 '나'와 초원은 동일화同一化의 경지에 이른다/이르는 것처럼 보인다.
  그런데, 좀 더 자세히 살펴보면 위 시에서 '나'는 '시적 자아'와 '서술적 자아'로 나뉘어져 있음을 알 수 있다. 시적 자아 '나'에게 "너라는 이름의 초원에 살아라"(앞에서 제3

행)라고 언표하는 존재가 '서술적 자아'인 셈이다. 이 자아는 그 뒤에 줄곧 작품의 배면에 숨어 있다가 "나는 언제나 나의 초록 가슴에 살아라"(뒤에서 제3행)라고 다시 한 번 불쑥 얼굴을 내밀고 단호하게 명령한다. 이로써 이 작품은 앞과 뒤 제3행에 시적 자아와는 판연히 다른 서술적 자아를 등장시키는 수미쌍관首尾雙關의 구조를 취하고 있다고 하겠다. (위 인용시 밑줄 참조)

이런 시적 구조는 곧 다음과 같은 해석에 이르는 통로를 제공한다. 즉 초원(자연)에 동화된 시적 자아 '나'와 거기에서 벗어나 그런 자아를 객관적으로 바라보는 서술적 자아 사이에 일정한 거리가 유지됨으로써, 결과적으로는 '나'는 자연과 친화적이기는 하지만 자연 그 자체는 아닌 존재로 이중화된다는 것. 이른바 '나'는 자연과 화이부동和而不同한 존재라는 것. 이런 '나의 이중화 작업'은 화이부동에 이르는 징검다리 역할을 하는 셈이다.

시인이 자연물을 화이부동으로 대하는 데에는 우선 자연물을 시적 자아로 의인화하는 작업이 선행되어야 한다. 이런 '선행 작업'의 실례가 이 시집에는 너무나 즐비하여 모두 나열하는 게 번거롭지만 제1부에서만 대충 찾아보자. 표제작 「나비, 선율의 시」의 '서정시를 풀어내는 나비'에서, '서늘한 말씀 싣고 있는 등꽃'(「등꽃」)에서, '거룩해지는 푸른 목숨'(「강물의 도학道學」)에서, '동토凍土로만 유전하는 한민족의 검은 넋들'(「까마귀의 메시지」)에서, '걸음 걸이가 허적거리는 전설의 여인'(「흑장미 한 송이」)에서, '진흙 속에서 한 오백 년 옹크리던 꿈'(「꽃」)에서, 그리고 '곱게 늙은 할머니 버선발 뜨락'(「벚꽃길에서」) 등에서 그 실례를 찾을 수 있다. 그렇게 의인화된 시적 자아는 그 상관물과 동일화의 단계에 이르게 되고, 이 단계에서 독자들은 시인의 서정의 경지에 접근하게 된다.

  그러나 시인은 독자를 '서정의 경지'에 끌어들이는 것에 만족하지 않는다, 시인은 또 다른 자아인 이른바 서술적 자아를 발동시켜 독자들과 거리두기를 시도한다. 아래 인용시에서 "물론 그렇기도 하지만"이라는 절대긍정 뒤에 따르는 부분부정 어법이 그 좋은 예가 될 터이다.

> 늦가을까지 감나무 홍시 두세 개
> 까치밥으로 남겨두었다는 설은 틀린 말이다
> <u>물론 그렇기도 하지만</u>
>
> 허공을 막막하게 텅 비워 둘 수가 없었던 것이다
> 추위의 색깔이 너무 파래서
> 온기 붉은 몇 점 하늘에 심어 놓은 것이다.
>
> 까치밥으로 세상 미물에게까지 챙기려는
> 우리 선인들의 자비로운 생각

물론 그렇기도 하지만

　모든 계절이 잔인하게 등 돌린 사람 동네를
　고 새빨간 정나미 몇 손
　동구밖까지 내보이게 매달아 놓은 것이다
　　　「물론 그렇기도 하지만」 앞 제1~4연 (밑줄 - 인용자)

　이 작품은 '절대긍정 ⇒ 부분부정' 어법을 반복적으로 차용해 묘한 여운을 남기고 있다는 점에서 구조/형식적 차원에서 성공작이라 할 수 있다. "물론 그렇기도 하지만"라는 구절은, 먼저 '물론 그렇다'는 절대적인 긍정이 선행되고 바로 '하지만'이라는 반전어법으로 부분적인 부정이 뒤따르는 상용구이다. 상대방의 견해에 전체적으로는 동의하지만, 부분적으로는 동의하지 않는다는 의미로 사용된다. 하지만, 문맥에 따라서는 그 뒤의 '부분부정'이 도드라지게 작용하는 경우도 있다. 어떻든 일반적으로는 조건부 부정을 표현할 때 주로 사용한다.
　제1연의 "물론 그렇기도 하지만"은 '늦가을 감나무 홍시가 까치밥이라는 일반인들이 생각이 틀렸다'고 단언하는 '처음의 시적 자아'에 대한 '조건부 부정'이다. 이 '조건부 부정'에 따라 시적 자아는 애초의 인식 지평에서 다른 지평으로 옮겨간다. 그 변화된 지평 위에서 제2연의 진술이 진행된다. 그러나 제3연의 "물론 그렇기도 하지만"은, '까치밥으로 세상 미물을 챙긴다'고 생각하는 일반인들에 대한 조건부 부정이다. 그래서 제1연의 그것과 제3연의 그것이 부정하는 대상은 다르기는 하지만, 그 다음 연인 제2·4연에 나타나는 시적자아의 인식 지평은 크게 다르지 않다. 여하튼지간에 이 시에서 시적 자아는 때로는 일반들과 때로는 스스로에게 절대긍정을 하면서 조건부 부정을 함으로써 예의 '화이부동'의 입장을 드러내 보이고 있다고 하겠다.

  이제 위 인용부분의 내용적 측면을 들여다보자. 이 시는 어느 시골 마을 한 켠에 서 있는 감나무에 매달린 까치밥 홍시를 소재로 삼은 작품이다. 삭풍에 낙엽 지는 늦가을 을씨년스런 작은 산촌에 유일하게 '새빨간' 색으로 남아 있는 홍시에서 보통 사람들은 "세상 미물에게까지 챙기려는 우리 선인들의 자비로운 생각"을 환기하겠지만, 시인의 눈에는 탄생의 철 봄과 성장의 계절 여름이 '잔인하게 등 돌려' 떠난 마을에 아직도 남아 있는 '정나미 몇 손'으로 비치고, 나아가 그 정나미가 동구 밖까지 훤히 보이도록/번져나가도록 매달아 놓은 것으로 기표화된다. 그래서 이 시를 여기까지 읽은 독자들은, 예의 까치밥이 회색이나 암갈색으로 침잠된 시골 마을에 아직도 정나미가 몇 손 남아 있음을 동구 밖까지 알리는 '새빨간' 등불/신호등 같은 것으로 해석된다.

> 떠돌던 걸인
> 붉은 홍시 바라 바라보면서
> 사립문 열고 들어
> 더운 밥 한 술 대접 받은 일
> <u>물론 그렇기도 하지만</u>
>
> 소멸의 광장을 오히려
> 생기의 봄을 신의 뜻처럼 매달아
> 고욤 씨앗으로라도
> 한 천년 고향 마을 하나 우뚝이
> 붉은 주문呪文으로 이 땅에 세우기 위해
> 깜깜한 밤을 눈 밝혀 놓은 것이다
> 　　　　「물론 그렇기도 하지만」 뒤 5·6연. (밑줄 – 인용자)

　추운 늦가을 산촌에 남아 있는 정나미로 기표된 까치밥을 바라본 떠돌던 걸인이 주저 없이 마을에 들어서서 더운 밥 한 술 대접받는 일이, 그래서 자연스럽다. 이제 까치밥은 날짐승의 먹이가 아니라 휑덩그런 늦가을 작은 마을에 아직도 남아 있는 정나미를 멀리에 보내는/알리는 붉은 등불로/신호등으로 승화한다.

　여기까지만 해도 서정시 한 편으로서의 구도가 어느 정도 채워졌다고 할 수 있다. 늦가을 감나무에 매달린 홍시가 까치밥에 그치지 않고 그 마을에 살고 있는 사람들의 온기를 품은 등불로 표상되어, 그래서 굶주린 걸인이 망설임 없이 '사립문 열고 들어'와 '더운 밥 한술 대접 받는 일'이 스스럼없는 장면으로써/이야기로써, 독자들은 충분히 따스한 감정에 젖을 수 있기 때문이다.

그러나 화이부동의 시인 소재호는 여기에 그치지 않는다. 이제 그 특유의 온유한 말씨 뒤에 잠겨/숨겨져 있는 예의 '커다란 바위'가 마지막 제6연에서 마침내 모습을 드러내기 시작한다. 까치밥은, 이제 '씨앗'으로 땅에 떨어져 '고염'나무로라도 싹을 티우고, 나아가 '생기의 봄'에 '신의 뜻'으로 자라나 '한 천년 고향 마을 하나 우뚝이 이 땅에 세'워 '붉은 주문呪文'을 쏟아내는, 그러한, 이른바 '신목神木'이 되기 위해 '깜깜한 밤'을 밝히는 '등불'이 된다. 이렇듯 제5연까지 시적 자아의 지평은 우리 인간사의 일상 언저리에서 맴돌았다면, 마지막 연에 와서 그 지평이 신화적/우주적 차원으로 확산되었다고 하겠다. (이 시의 제2연 "온기 붉은 몇 점 하늘에 심어 놓은 것"이라는 복선伏線이 이런 '이해'에 적잖은 도움을 줄 수도 있다.)

요컨대, 이 시집에 나타난 시인의 화이부동和而不同은 형식적 측면에서건 내용적 측면에서건 매우 공교롭게 구조화되어 표상/구현되어있다고 할 수 있다.

〈3〉

『주역周易』에 수록된 64개의 괘卦 가운데 하나인 '대유大有' 괘는 전술한 '동인同人' 괘를 이어 받는다. '대유' 괘는 상괘上卦로 리離와 하괘로 건乾이 합쳐져 이루어진다. 리가 불[火]을 상징하고 건이 하늘[天]을 뜻하니, '대유'괘는 통상 '화천대유火天大有'로도 일컬어진다. '대유' 괘는 불(태양)이 하늘 위에 자리 잡고 있는 형상으로 해서 겉잡아 '위대한 존재'로 풀이된다. 또한 이 괘의 괘사卦辭에 "위대한 존재로서 크게 형통하리라(大有 元亨)"고 하거니와, 또 그 괘상卦象에서는 보다 더 선명하게 "하늘 위 태양이 위대한 존재의 형상이니, 군자는 이로써 하늘의 뜻을 받들어 따른다.(火在天上 大有 君子 以 順天休命)"라고 한다.

'대유大有'의 표피적인 뜻은 '크나큰 소유所有'이다. 하지만 여기에서 소유는 물질적 영역이 아닌 정신적 차원의 그것이니, 그 내포적 의미는 '충만한 정신적 지혜'라 할 것이다. '충만한 정신적 지혜'를 지니고 있는 사람은 진리眞理에 다가갈 수 있을 것이며, 진리에 다가간 사람은 곧 '위대한 존재'가 될 수 있을 터. '대유大有' 괘가 통상 '위대한 존재存在'로 풀이되는 연유가 바로 그것.

'대유' 괘가 '동인' 괘를 이어받는 것도 나름 까닭이 있다. 전술한 바대로 '동인' 괘 '어울림의 정신'의 본령이 화이부동和而不同일진대, 여기에서 '부동不同'이 더욱 확장/승화되면 어울림을 벗어나 그 자체로 '위대한 존재'로 탈바꿈하게 된다고 보기 때문이다. 『주역周易』에서는 '천화동인天火同人'과 '화천대유火天大有'가 서로 상·하괘를 자리바꿈함으로써, 그 중심 효爻인 리離 괘의 음효陰爻가 '동인' 괘에서는 제2효에 머물러 그 힘이 미약하여 주변과 어울리는데 치중하지만, '대유' 괘에서는 제5효로 상승하여 그 힘이 막강해져 스스로 '위대한 존재'로 변모된다고 풀이한다. 이런 연결 관계에서 유추되는 것은 '화이부동和而不同'에서 '부동不同'은 궁극적으로 그 스스로 '위대한 정신'으로 상승하기 위한 토대라는 점이다. 그리고 '동인'괘 다음에 '대유' 괘가 이어지는 것도 예의 '부동'이 '위대한 존재'로 승화되어 감을 은연중 강조한 것이리라.

  '소재호는 화이부동和而不同의 시인이다'라는 애초의 언명도 이제 다른 차원에서 재해석되어야 한다는 점이 이쯤에서 더욱 선명해진다. 그렇다고 해서 이 자리에서 그의 정신세계를 파헤쳐 그 안에 '위대한 존재'가 어떻게 안존해 있는가를 석명釋明하기는 어렵다. 다만 앞 장에서 언급한 내용을 바탕 삼아 그의 시편 여기저기에 예의 '부동'의 정신이 이른바 '위대한 존재'로 확산/승화하는지 어쩐지 그 점만은 눈여겨 볼 일이라고 본다.

⟨4⟩

예의 '위대한 존재'를 염두에 두고 이 시집을 들추면 눈에 띄는 작품이 여럿 있지만 그 중에서도 특히 눈길을 끄는 작품은 「강물의 도학道學」, 「소나기의 노래」, 「몽돌로 누워 2」, 「매미의 경經」, 「종 소리」 연작 등이다.

> 무엇인들 해체하여
> 무형으로 건너가는
> 자유로운 형용의 파장이다
>
> 무성 유성 넘나들어 다시 함성
> 일으키고 눕고 드디어 아득한 침묵이다
>
> 줄 타는 곡예사처럼
> 나아가기, 머무르기, 넘어서고
> 때때로 자기 안에서 철썩이기
>
> 강물은 거룩해지는 푸른 목숨
> 전신으로 꿈틀거리고 있지 않은가
>
> 세상만사 다 지우고
> 원시의 광야에 나아가면
> 근심의 인간 동네 하나 밀어치우고
> 가득한 존재로 무법천지가 되기

> 무법으로 딱 하나 절대의 질서가 되기
> 한으로는 처절함 숨기는 몸부림
>
> 하늘의 말씀을 해원海原으로 퍼 나르며
> <u>스스로 도道가 되기</u>
> 아하, 영원한 한 줄기 길이 되거나
>
> 「강물의 도학道學」 전문, (밑줄 – 인용자)

  이 작품은 총 여섯 개의 연으로 구성되어 있지만, 구조상 세 부분으로 대별할 수 있다. 즉 제1·2연을 한 덩어리로, 제3·4·5연을 또 하나의 덩어리로 묶으면, 나머지 독립된 제6연으로 해서 세 부분이 된다. 첫 번째 덩어리는 이 시의 서론이면서 정언定言/명제命題에 해당하고, 두번째 덩어리는 본론이면서 보충 진술에 해당한다면, 남은 제6연은 결론이라 하겠다. 제1덩어리가 '정언/명제'라는 점은 거기에 속한 두 개의 연이 모두 '……이다'라는 확정적인 언표言表로 종결되는 점에서 확인되거니와, 제2덩어리에 속한 세 개의 연이 모두 '보충진술'에 해당한다는 것은 '……하기', '……되기' 등 명사형 어미語尾를 차용하여 앞의 정언定言들을 뒷받침하는/감싸는 토대/보자기 역할을 한다고 여겨지기 때문이다.
  위 시는 내용적으로는 다른 방식으로 삼분할 수 있다. 제1·3·4연을 묶어 한 덩이로, 제2·5연을 묶어 다른 덩이로,

그리고 제6연을 나머지 덩이로 나눌 수 있다. 제1연의 정언/명제가 제3·4연에서 보충진술되고, 제2연의 정언/명제가 제5연에서 보충진술되기 때문이다. 제1연의 "자유로운 형용의 파장이다"라는 명제는 제3·4연에서 '나아가기, 머무르기, 넘어서기, 철썩이기, 전신으로 꿈틀거리기' 등으로 구체화되고; 제2연의 "일으키고 눕고 드디어 아득한 침묵이다"라는 명제는 '무법천지 되기', '절대의 질서가 되기', '안으로는 처절함 숨기는 몸부림' 등으로 보충진술된다고 여겨지기 때문이다.

이 작품을 깊이 이해하는 데에는 위 두 가지 삼분법에서 후자가 더 유용하다. 제1덩어리는 "줄타는 곡예사처럼" 동動적인 이미지로 채워져 있다. 끊임없이 유동流動하는 강물의 속성을 다양한 양상으로 표상해내고 있다. 그러나 제2덩어리는 반대로 정靜적인 이미지가 충일하다. '안으로 처절함 숨'기어 무법천지나 절대의 질서가 되어가는 강을 형상하고 있다. 이렇듯 이 작품은 강물의 동적인 이미지와 정적인 이미지를 양립시켜 그 속성의 양면성을 대조적으로 드러내 보인다.

이 '강물의 양면적 속성' 가운데 정적인 이미지로 형상화된 부분을 더욱 자세히 살펴볼 필요가 있다. 여기에서 정적 이미지는 '……**되기**'의 종균種菌 역할을 하고 있다. '안으로 처절함 숨기는 아득한 침묵'은 종내는 '가득한 존재로 무법천지가' **되고**, 또 '무법으로 딱 하나 절대의 질서가' **된다**.

이 쯤에서 'A가 B가 된다'라는 문장의 뜻을 괴얌괴얌 생각해보자. '누룩이 술이 된다', '쌀이 밥이 된다'란 말은 자연스럽지만; '나무가 책상이 된다', '종이가 책이 된다'는 꽤 어색하다. A와 B가 원재료는 같지만 어떤 작용에 의해서 그 속성屬性이 달라져야만 '되다'라는 동사를 적용할 수 있다. 즉 발효나 가열 등으로 화학적 변화를 거치는 과정이 '되다'인 셈이다. 책상과 종이는 원재료에서 물리적 변화만 거친 결과물이기 때문에 '되다'라는 동사를 붙이는게 부자연스러울 수밖에 없다. 또 일상에서 흔히 사용하는 '그 사람 되었네', 또는 '그 사람 못 되었네' 말에서 '되다'의 의미망을 간추리면, 여기에서 '되다'는 속성의 긍정적인 변화를 가리키고 있음을 알 수 있다. 부연컨대, '되다'는 좋은 방향으로 그 속성이 화학적으로 변화되는 과정을 뜻하는 동사動詞인 셈이다. ('되다'를 시의 미적구조로 일찍이 구현한 시인으로 만해 한용운을 꼽을 수 있을 것이다.)

그렇다면 이 시에서도 '……**되기**'는 예의 '속성의 긍정적인 변화'를 벗어나지 않는다. 강물은 '아득한 침묵', '처절함 숨기는 몸부림'이라는 속성의 변화를 거쳐 '무법천지'가 되고 '절대의 질서'가 된다. 마침내는, 제6연에서 규지窺知되듯, '스스로 도道가 되'고, '영원한 한 줄기 길이 될' 수도 있다. 즉, '……**되기**'의 도착점은 '도道' 또는 '영원한 한 줄기 길'이다. 곧 '진리眞理'인 셈이다. 이런 '⋯⋯**되기**' 의 도정道程에 "하늘의 말씀을 해원海原으로 퍼 나르"는 예의 역동적 이미지들이 굽이친 강줄기가 거쳐/흘러 가는 이 굽이 저 벼랑에 적절하게 배치되어 있다는 점은 사족蛇足이지만 빠트릴 수 없다.

〈5〉

예의 '⋯⋯**되기**'의 과정이나 그 결과물에는 '신화적·우주적 이미지'가 강하게 나타난다. 그 예를 이 시집 여기저기에서 찾아보자.

꽃 그늘 마침내
은하경 출렁거리고 ⋯⋯⋯⋯⋯⋯⋯⋯⋯⋯⋯⋯ 「등꽃」
신을 끌어다 무릎 밑에 두고
천만 번을 까르륵 철학하면서 ⋯⋯⋯⋯⋯⋯ 「낙엽 지네」
지구를 지고 떠난 영겁의 시간대
가까스로 당도하는 무아無我 ⋯ ⋯⋯⋯⋯⋯⋯ 「달팽이」
은핫물도 흘러야 하지
저승까지도 굽질러 다녀와야지 ⋯⋯⋯⋯ 「오작교 건너」
오늘은 밤이 만 년
별빛 따스히 스며든다
우주로 통하는 이 관문 ⋯⋯⋯⋯⋯⋯⋯⋯ 「숲 속에서」
은하도 빛부신 악보가 된다

소리가 빛으로 변주되는 신화 …… 「허공에 악보를 걸다」
창세기의 어둠을 좇으며
우리는 꼭 우리들만이어야 한다고
추락하는 냉기류 시간들의 빗줄기 ……… 「소나기의 노래」
생애의 무릎까지 닳아
우주의 슬하에 몸 부려
……………………
육지와 바다가 몸 섞고
밤과 낮이 몽글몽글 서로 얽히면 ………… 「몽돌로 누워 2」
윤회의 매듭 지우며 구천지하에
지옥을 경작하는 운명 ………………………… 「매미의 경經」
섬이 태초에 선언이 될 때
신들도 침묵했었나니
섬은 아득한 신화였다 ……………………………… 「섬」

  이 시집 여기저기에 두루 밤하늘의 별처럼 산재해 있는 신화 우주적 이미지들은 대체로 '대유' 괘에서 강조하는 '위대한 존재存在'를 형상화하는데 바쳐지고 있다. 이런 이미지들이 '철학'·'말씀'·'평화'·'종교'·'도道'·'경經'·'무아無我'·'공空'·'윤회'·'와선臥禪'·'무명無明' 등의 시어에 긴밀히 연결되어 있는 데에서 그 점이 확인된다. 대체로 시편에 이런 관념어를 끌어들이는 것은 조금은 조심스러운 일이라 할 수 있다. 그런 관념어가 이미지의 발랄함을

위축시킬 수 있기 때문. 그럼에도 불구하고, 소재호 시인은 이런 '위험부담'을 감수하고서라도 그런 관념어들을 채택하고 있다. 아마도 소 시인은 시작 과정에서 "물론 그렇기도 하지만", 예의 '위대한 존재存在'를 형상화하기 위해서는 그런 관념어의 폭넓은 의미망意味網을 외면할 수 없다고 생각하였으리라.

> 아무리 곱게 빚었어도
> 그의 존재 가치는 공空
>
> 십장생 놀다 가고
> 도요에서 도요새가 나와
> 새벽 빛깔로 울 때
>
> 인생들 살다 죽고
> 만가輓歌 쑥빛으로 흐르고
> 고요로운 공空
> 　　「고려 청자」 전문

위 짧은 시에는 '존재'·'공空'·'인생' 등 추상적인 한자어의 빈도가 높지만, 그리 관념적으로 느껴지지 않는다. 오히려 '쑥빛으로 흐르는 만가輓歌'와 '인생'·'공空' 같은 관념어가 절묘하게 어울려서 청자의 '존재 가치'를 '곱게 빚어'

내고 있다. 이렇듯 이 시집에 들어있는 관념적인 한자어들은 발랄한 이미지를 감쇄시키는 역기능보다는 전제적으로 '위대한 존재'를 효과적으로 형상화하는 순기능으로 작용하는 경우가 많다.

〈6〉
  요컨대, 이 시집은, 『주역周易』'동인同人' 괘에서 강조하는 '화이부동和而不同의 정신'을 토대 삼아, 나아가 '대유大有' 괘에서 역설하는 '위대한 존재'를 추구해나가는 시인 소재호의 시세계를 보여준다고 할 수 있다. 그가 추구해마지 않는 '위대한 존재'가 구체적으로 무엇인가는 단정하기 어렵다. 다만 앞서 인용한 작품 「강물의 도학道學」 말미의 두 행은 그걸 추정하는 실마리를 제공해준다.

    스스로 도道가 되기
    아하, 영원한 한 줄기 길이 되거나

  "<u>스스로 도道가 되기</u>"란 무엇인가? <u>스스로 도를 깨우치는 것</u>과는 다르다. 소재호 시인은 자신이 도를 깨우쳐 그 바탕에서 시를 짓겠다는 게 아니고, 자신의 시 자체가 도道가 되기를 바란다. 그래서 그 시가 "사람들 가슴 울림으로 빚은 소리"가 되어 "신의 고막에 다다르"(『종소리 13』)기를 염원한다. 이 시집 뒤편에 실린 13편의 「종소리」 연작은 이런 염원의 소산이라 할 것이다. '도道'로서의 시는 때로는 '산수화 한 폭 펼치는 신의 손길'(「종소리」 3)이기도 하고, 때로는 '우주의 운행을 알리는 빛깔'(「종소리」 10)이 되기도 하고, '신을 품은 영원한 적막'이기도 하니, 그 '도道'는 필설로 표현하는 차원을 넘어서는 것이리라.

이쯤에서 「강물의 도학道學」 끝 행行 "아하, 영원한 한 줄기 길이 되거나"에 다시금 눈길이 간다. "영원한 한 줄기 길"은 그저 '진리' 정도로 두루뭉술 이해할만하다. 그렇다면 이 행은 "아하, 진리가 되거나"로 바꿀 수도 있겠는데, 그렇다면 예의 '위대한 존재'는 '도道가 되기', 나아가 '진리眞理가 되기' 정도로 유추할 수 있겠다.

하지만, 여기에서 필자에게 주목되는 것은 '아하,'라는 감탄사와 '되거나'라는 미완의 종결처리 부분이다. '아하'라는 감탄사 속에는 '스스로 도道가 되기'보다는 '영원한 한 줄기 길이 되기'가 더 적절할 것 같다는 점을 인지하고 난 다음의 반가움/기쁨 같은 감정이 내포되어 있다. 그러나 시인은 이내 그 감정을 가라앉히고 '되기'를 깊이 생각한 끝에 그 자리에 '되거나'를 대신 앉힌다. 항용 '되거나'는 '되거나 말거나', '되거나 안 되거나', 또는 '되거나 못 되거나' 이 세 가지 구절 중 어느 하나를 축약한 것으로 이해할 수 있다. 그러나 이 시에서 '되거나'는 그 뒤에 부정을 함축한 것으로 이해되지 않는다. '되기'가 못 박듯이 너무 단언적인 표현이라고 생각한 시인이 보다 겸양적인 표현으로 '되거나'로 하여금 그 자리를 대신하도록 한 것으로, 필자에게는 이해된다. 평소 일상에서 사용하는 그의 어투가 그렇듯이……. 판소리 완판 마당에서 광대가 몇 시간 동안 소리하면서 울고 웃고 슬퍼하고 분노하면서 한 판을 다 마치고 난 다음에 마지막으로 관객들에게 "그 뒤야 뉘가 알리? 어질더질" 인사하듯이…….

  소재호 시인은 앞으로도 '위대한 존재'를 추구해나갈 것으로 확신한다. 그의 지난 40여 상상의 시력詩歷이 그런 확신의 증표가 되고도 남기 때문이다. 이 시집에서 겨우 빙산의 일각으로 내비친 예의 '위대한 존재'가 다음 시집, 또 그 다음 시집에서 보다 더 크게 우리 앞에 드러나기를 기대한다.

소재호 시집

나비, 선율의 시

인 쇄	2025년 03월 14일
발 행	2025년 03월 20일

지은이	소 재 호
발행인	서 정 환
펴낸곳	인간과문학사
주 소	서울시 종로구 삼일대로 32길 36(운현신화타워 빌딩) 305호
전 화	(02) 3675-3885, (063) 275-4000
팩 스	(063) 274-3131
이메일	human3885@naver.com inmun2013@hanmail.net
출판등록	제300-2013-10호
인쇄·제본	신아출판사

저작권자 ⓒ 2025, 소재호
이 책의 저작권은 저자에게 있습니다. 서면에 의한 저자의 허락없이 내용의
일부를 인용하거나 발췌하는 것을 금합니다.
저자와 협의, 인지는 생략합니다.
잘못된 책은 바꿔 드립니다.

ISBN 979-11-6084-243-2   03810

값 11,000원

Printed in KOREA